Bruno Bartoletti

OOPART in Italia

Artefatti fuori posto esistono anche da noi

e, forse, tu non lo sapevi

Che cosa è un artefatto fuori posto?

OOPART è l'acronimo di "Out of Place Artifact" (in italiano, "artefatto fuori posto").

Si tratta di oggetti archeologici, manufatti o reperti che sembrano non avere senso o non possono essere spiegati all'interno del contesto storico e culturale in cui sono stati scoperti.

Questi oggetti sono spesso considerati misteriosi e sfidano la maggior parte delle spiegazioni tradizionali.

Gli OOPART possono includere manufatti che sembrano essere stati creati con tecnologie avanzate molto prima che tali procedure dovessero essere disponibili.

Tali oggetti non sembrano appartenere alla cultura o al periodo storico nel contesto dello scavo archeologico in cui sono stati scoperti.

Molti archeologi e scienziati ritengono che molti OOPART siano frutto di fraintendimenti, falsificazioni o errori di datazione.

In molti casi, quando vengono studiati in modo approfondito, gli OOPART possono essere spiegati in modo razionale all'interno del contesto storico o scientifico.

Gli OOPART spesso sono discussi in contesti legati alla pseudoscienza e all'archeologia misteriosa e sono oggetto di speculazioni e teorie controverse, in particolare chi sostiene la loro veridicità rischia di venire screditato.

È importante approcciare gli OOPART con uno spirito critico e fare affidamento sulla metodologia scientifica per cercare di comprendere la loro autenticità e il loro significato.

Da parte mia sono convinto che non si debba fare 'di tutta l'erba un fascio' e con questo breve saggio mi accingo ad esporre ciò che di convincente ho scoperto in alcuni artefatti trovati nel nostro Paese.

Mi sono basato su ricerche facilmente verificabili e su testimonianze reperite durante gli invenimenti.

La correttezza vuole che tutte le fonti siano facilmente verificabili ed in questo saggio è facile verificarne la provenienza: o attraverso degli scritti ben conosciuti oppure recandosi in qualche sito museale che si è preso la briga di conservare i manufatti menzionati in questo libro.

L'Anello Piceno dedicato alla Dea Cupra

Nel VI secolo a.C., la civiltà di Cupra, situata in una vasta regione compresa tra il fiume Pescara e il fiume Foglia, con epicentro a Cupra Marittima e nell'Ascolano, divenne nota per la scoperta di un particolare tipo di manufatto bronzeo chiamato anellone.

Questi anelli, caratterizzati da sei guarnizioni appuntite convergenti verso il centro, furono trovati in tombe nella zona delle città di Cupra, Cassignano, Ripatransone e Spinetoli.

Questi anelli erano sepolte insieme a donne, poste sul ventre e con la mano destra posizionata sopra di essi.

La loro funzione, almeno secondo la scienza accademica, rimane sconosciuta.

Si sa solo che questi gioielli erano dedicati alla dea Cupra, una figura misteriosa senza volto, raffigurata con uno schermo sul viso e un paio d'ali, che in molti aspetti ricordano le rappresentazioni attribuite agli antichi Veglianti.

Tuttavia, alcuni ricercatori non convenzionali sostengono che questi gioielli potessero essere stati usati per aprire una sorta di varco spazio-temporale che collegava la dea Cupra a un altro mondo.

Una prova tangibile di questa teoria è data da due piccole statuine in osso, scoperte all'inizio del XX secolo dall'archeologo Dell'Osso in una tomba a Belmonte Piceno.

Queste statuine sono attualmente conservate presso il Museo Nazionale delle Marche ad Ancona.

Un dettaglio intrigante è che l'anellone, utilizzato dalla dea Cupra, appare anche nelle mani del dio persiano Ahura Mazda.

Questo dettaglio è visibile in un bassorilievo sulla porta est del Tripylon di Persepoli, datato al VI o V secolo a.C., lo stesso periodo in cui sono stati ritrovati gli anelloni nell'Ascolano.

Il mistero rimane irrisolto: come potrebbe lo stesso oggetto essere conosciuto contemporaneamente sia dai Cuprensi che dagli antichi Persiani?

Al momento, non esistono risposte definitive, e il dibattito continua, con alcune teorie suggerite che spingono i confini della conoscenza accademica.

Riporto qui di seguito un articolo, tratto da "L'Ancora on line" che ipotizza una soluzione a questo OOPART.

'Alle sacerdotesse della Dea Cupra, in fase di sepoltura veniva appoggiato sul ventre l'"Anello della Dea" ovvero un "cembalo" stilizzato in bronzo, simbolo identificativo della Grande Madre, come evidenziato in tutte le statue a lei dedicate.

Credo di aver scoperto il mistero che da 2.500 anni arrovella esperti e studiosi".'

Questa è la conclusione a cui è giunto Carlo Gentili in merito al mistero dell'anellone dei Piceni il cui significato sfugge ancora oggi a studiosi ed esperti ad oltre 2.500 anni dalla presenza dei Piceni nelle Marche.

- "L'anello di Cupra" o anellone piceno è un anello a 6 nodi trovato nelle tombe femminili del Piceno V sec. a.C. : sembra che nessuno ancora oggi ne conosca il significato. -

Molte le ipotesi, ma nessuna certezza.

Alcuni studiosi hanno visto in questi reperti un simbolo di fertilità, altri un simbolo apotropaico per allontanare influssi magici maligni, altri ancora pensano ad una sorta di trofeo o simbolo che contraddistingueva le sacerdotesse, altri ricercatori individuano in quel "cerchio magico" fasi lunari ed, altamente improbabili a mio parere, viaggi interstellari verso altri mondi persi nello spazio.

Ora, si affaccia l'ipotesi del pittore Carlo Gentili da sempre affascinato dal culto della dea Cupra e dal suo "anellone piceno"

In pratica, un pittore "sconfina" (a gamba tesa) nel settore archeologico e scopre l'arcano, in barba a tanti studiosi e professori, alla maniera di un moderno Heinrich Schliemann.

Infatti, Gentili ipotizza che il famoso "anello di Cupra" altro non sia che il cembalo, simbolo sacro alla Dea Madre-Cibele il cui culto è simile e sinallagmatico con la dea Cupra o Cubra.

Il cembalo, strumento musicale simbolo della Dea Cibele o Grande Madre: nessun studioso aveva mai pensato come identificabile con l'anellone piceno

Infatti, comparando il cembalo e anellone piceno sono visivamente ineccepibili le loro similitudini, anche se i piccoli timpani nei

cembali del tempo erano posti uno sull'altro,
a mo' di piatti e non frontalmente.

Inoltre, c'è una prova schiacciante relativa al
Culto di Cibele, la Grande madre di uomini e
dei, la mai nata, l'eterna.

Come tutte le dee mediterranee era vergine:
in un prezioso documento troviamo in merito
all'iniziazione delle sacerdotesse:

"L'iniziazione al culto della dea consisteva
innanzitutto in un pasto consumato negli
strumenti musicali: il timpano e il cembalo":
le sacerdotesse recitavano: "ho mangiato
dal timpano, ho bevuto dal cembalo e ho
conosciuto i segreti della religione".

La Bussola Pelasgica

Nell'antichità, fino al periodo medievale, la navigazione mantenne un carattere primitivo ed empirico.

Gli strumenti di orientamento utilizzati dai navigatori per tracciare la rotta erano limitati alla pinace o alla bussola pelasgica, che era in comune uso sia tra i Greci che tra i Latini.

La bussola pelasgica era un disco orientabile tenuto in mano, sul quale erano rappresentati la rosa dei venti, i punti cardinali e informazioni riguardanti l'alba, il tramonto del Sole, della Luna e di alcune stelle.

Era dotata di un alidada con due traguardi.

I navigatori orientavano manualmente la bussola pelasgica verso il punto in cui sorgeva il sole (Est) e il punto in cui tramontava (Ovest), apportando alcune correzioni basate sul movimento in declinazione del sole e sulla latitudine dell'osservatore sulla nave.

Ad esempio, durante la notte, la bussola veniva orientata in base alla stella polare.

La rotta da seguire (in assenza di vento e correnti marine) veniva determinata dall'angolo che la direzione del Nord, così individuata, formava con l'asse longitudinale della nave.

Ma chi erano i Pelasgi?

L'origine dei Pelasgi è oggetto di speculazioni e non è chiara.

Alcuni studiosi hanno suggerito che potessero essere autoctoni in alcune regioni dell'antica Grecia, mentre altri hanno proposto teorie che li collegano a movimenti migratori dall'Asia Minore o dall'Anatolia.

La lingua parlata dai Pelasgi è sconosciuta, poiché non ci sono sufficienti fonti linguistiche sopravvissute, nessuna iscrizione e nessun riferimento in epoca storica.

Alcuni studiosi hanno teorizzato che potessero parlare una lingua pre-greca.

La cultura pelasgica sembra essere stata influente nell'antica Grecia e alcune delle loro tradizioni culturali e religiose possono aver avuto un impatto sulle civiltà successive, come quella micenea e quella classica.

Con il passare del tempo, i Pelasgi sembrano essersi fusi con altre popolazioni greche per poi scomparire come entità etnica distinta.

Le loro tracce nella storia greca successiva sono oscure.

Perché questo manufatto, come altri reperiti in Italia, potrebbe essere un OOPART?

La bussola Pelasgica, configurata come una sfera con antenne, evoca antichi disegni che rappresentano simili manufatti.

Un notevole esempio di questa bussola Pelasgica si trova rappresentato sulla testa del faraone Ramsete II in una statuetta d'oro alta 7,2 cm.

Per alcuni studiosi, per altro molto discussi, nel campo della paleoastronautica come Erich von Daniken, questo oggetto potrebbe simboleggiare un possibile antico contatto tra sovrani e entità extraterrestri.

Tuttavia, secondo l'archeologia ufficiale, esso è considerato un simbolo con una funzione esclusivamente rituale, presente in alcune culture antiche, tra cui quella fenicia, greca e romana.

Nella cultura romana, ad esempio, era raffigurato all'interno del caduceo di Mercurio, simboleggiando la possibilità di accedere a un'altra dimensione, il regno dei morti.

Negli anni '70 del XX secolo, l'archeologo bolognese Mario Pincherle avanzò l'ipotesi che il caduceo di Mercurio fosse in realtà una bussola Pelasgica di origine atlantidea.

Portò come prova il ritrovamento di una rappresentazione di tale oggetto nel recinto cartaginese di Tanit, posizionato sulla tolda di una nave e utilizzato come bussola d'orientamento.

Questa teoria fu ripresa dalla rivista scientifica "Teknos" nel dicembre 1996.

Altri studiosi non convenzionali suggeriscono che questo manufatto potesse avere funzioni legate al passaggio tra pianeti diversi.

In effetti, il caduceo o la bussola Pelasgica potrebbero essere visti come un ponte verso mondi sconosciuti e ricordano anche alcune teorie relative ai motori di antimateria studiati da fisici come Bob Lazar nell'Area 51, una base segreta in cui, secondo alcune teorie, sarebbe custodito un motore alieno in grado di alterare la materia e creare varchi tra dimensioni, simili all'oggetto in questione.

In definitiva, si potrebbe ipotizzare che questo manufatto sia il ricordo mitizzato e distorto di una tecnologia aliena, osservata ma non compresa dagli antichi.

Ad oggi, questo enigma rimane avvolto nel mistero, senza una spiegazione definitiva.

Ma chi era Mario Pincherle?

Mario Pincherle è stato un noto scrittore, poeta, critico letterario e studioso italiano.

Nato il 4 aprile 1903 a Milano e scomparso il 4 maggio 1964.

Pincherle è conosciuto soprattutto per la sua attività nel campo della letteratura e della critica letteraria.

Le sue opere spaziano da poesie a saggi letterari e opere di critica letteraria, ed è noto per la sua erudizione e la sua profonda conoscenza della letteratura.

È stato anche uno dei fondatori della rivista "Letteratura" e ha contribuito in modo significativo alla promozione della letteratura italiana del Novecento.

La sua critica letteraria si è concentrata su autori come Dante Alighieri, Francesco Petrarca e Giovanni Boccaccio, nonché su tematiche legate alla poesia e alla letteratura italiana in generale.

Interessante su di lui e questo:

Nel campo dell'egittologia, Mario Pincherle ha sviluppato alcune teorie che, al momento della loro formulazione, non hanno trovato conferme scientifiche concrete.

Una di queste teorie riguardava la costruzione della Piramide di Cheope e implicava l'ipotesi di un presunto elemento chiamato "torre zed," che egli collegava al simbolo dello "djed."

In passato, sulla base dei resoconti di Erodoto, aveva anche avanzato l'idea di un metodo che coinvolgeva la dilatazione di tronchi di legno bagnati e successivamente essiccati al sole per spostare i grandi monoliti di granito.

Secondo la sua teoria, questa "torre zed" sarebbe stata inizialmente trasferita dalla Mesopotamia in Egitto, dove sarebbe stata collocata in cima alla Piramide di Zoser.

Successivamente, secondo Pincherle, sarebbe stata posta all'interno della Piramide di Cheope, o meglio, la piramide stessa sarebbe stata costruita attorno a questa torre per proteggerla.

Inoltre, Pincherle sostenne che non esistesse un faraone di nome Cheope, ma che il nome potesse significare "mangiatoia" o "culla" del divino, basando questa interpretazione su una sua personale lettura di un passo delle Storie di Erodoto.

Secondo Pincherle, la torre zed e il "sarcofago di Cheope" rappresenterebbero un luogo in cui il tempo e lo spazio sembrano subire delle modifiche dovute alla diffusione di onde alfa verso i lobi frontali del cervello.

Queste teorie sono state oggetto di discussione in programmi televisivi riguardanti l'archeologia misteriosa e la pseudoscienza, tra cui il programma "Voyager" condotto da Roberto Giacobbo.

Anche il figlio di Mario Pincherle, Maurizio, ha eseguito un esperimento in uno degli episodi di questa trasmissione.

E' palese che queste teorie non sono state mai, in alcun modo, accettate dalla comunità scientifica perché non sono state, sino ad oggi, supportate da evidenze concrete.

Per chi volesse approfondire tematiche simili riguardanti le onde elettromagnetiche nelle piramidi sono state oggetto di studio anche da parte di altri ricercatori, come un team russo-tedesco nel 2018, i cui risultati sono stati pubblicati nel Journal of Applied Physics.

Lo scheletro di Savona

Nel 1852, nel cuore di Savona, precisamente in Vico del Vento, si effettuò uno scavo profondo per preparare il terreno per la costruzione delle fondamenta della Chiesa delle Suore della Misericordia.

Durante lo scavo a una profondità di circa 3 metri, dove si era raggiunto il livello della marna pliocenica, gli operai fecero una scoperta sorprendente: trovarono un teschio umano.

La marna è una roccia sedimentaria composta principalmente da carbonato di calcio (calcite) e argilla.

Questa roccia si forma attraverso il processo di sedimentazione marina.

La marna si sviluppa quando i sedimenti di carbonato di calcio e argilla si accumulano sul fondo di laghi o mari, principalmente in ambienti marini poco profondi.

Questi sedimenti possono variare notevolmente nella loro composizione e struttura, a seconda delle condizioni di sedimentazione e delle variazioni locali.

Le marni possono essere di diversi colori, ma spesso appaiono grigie o beige.

Possono anche contenere frammenti di fossili, come gusci di molluschi, che testimoniano l'antico ambiente marino in cui si sono formate.

E' una roccia di media consistenza e può variare nella sua durezza a seconda della quantità di calcite e argilla presenti.

È utilizzata in diversi settori, tra cui l'edilizia, l'industria ceramica e la produzione di calce.

La sua composizione la rende una roccia utile per scopi di costruzione e come materiale da taglio.

Nella zona costiera della Liguria, i sedimenti pliocenici testimoniano il livello antico del mare, che circa da 2 a 5 milioni di anni fa si estendeva oltre i 100 metri al di sopra del livello attuale del mare (il sito del ritrovamento si trovava a 15 metri sul livello del mare attuale).

Continuando lo scavo, emerse uno scheletro completo intrappolato nella marna, situato vicino a una formazione rocciosa chiamata "lo Sperone".

Lo scheletro era disteso in posizione supina, con le braccia protese in avanti e la testa inclinata più in basso rispetto alle spalle.

Intorno allo scheletro furono trovati frammenti di carbone e numerosi gusci di ostriche e conchiglie fossili.

A causa del contesto del ritrovamento, molte parti dello scheletro si erano frammentate durante l'estrazione.

Tuttavia, grazie all'intervento di uno scultore presente sul cantiere, fu possibile salvare il tronco e alcune piccole ossa della testa e degli arti.

Sfortunatamente, nel corso degli anni successivi, la cassa toracica completa con tutte le costole (una rarità nei ritrovamenti paleontologici) e la maggior parte del corpo principale andarono perdute.

Comunque, i frammenti rimanenti furono conservati da don Perrando, un parroco locale appassionato di storia naturale.

Questi reperti sono attualmente conservati nel Museo Civico di Archeologia Ligure di Villa Pallavicini a Genova Pegli.

Nel 1867, al Congresso internazionale di antropologia e archeologia preistorica a Parigi, il giovane professore Issel presentò una relazione sui frammenti ossei e sulla natura del terreno in cui furono scoperti.

Egli affermò che i fossili erano umani e risalivano alla stessa epoca dei sedimenti pliocenici.

Questo fatto sollevò molte reazioni scettiche tra i colleghi, in parte a causa delle circostanze del ritrovamento e in parte a causa della giovane età del relatore.

Alcuni studiosi sostenevano che se un individuo fosse annegato nel mare pliocenico, le onde avrebbero disseminato le sue ossa invece di conservare uno scheletro intatto.

Inoltre, alcune anomalie osservate nella mascella divisero gli antropologi, con alcune interpretazioni che suggerivano un'antichità remota e altre che la paragonavano a ossa di individui moderni molto anziani.

Successivi esami odontoiatrici indicarono che l'individuo sembrava avere circa 30-40 anni al momento della morte.

In quel periodo, la comunità scientifica era divisa sulle teorie sull'antichità dell'uomo, e molte di queste opinioni erano influenzate da convinzioni personali piuttosto che da prove fossili concrete.

La teoria dell'evoluzione stava cominciando a emergere, ma non era ancora ampiamente accettata.

Le teorie di Charles Darwin sull'evoluzione attraverso la selezione naturale ebbero un impatto significativo in Italia, come in molte altre parti del mondo, ma la loro diffusione e accettazione non furono immediate e incontrarono resistenza iniziale.

All'inizio, le teorie di Darwin furono accolte con scetticismo e resistenza da parte di molte istituzioni scientifiche e religiose in Italia.

Gran parte della popolazione e dell'establishment scientifico dell'epoca era profondamente religiosa e le idee di Darwin erano viste da alcuni come assolutamente incompatibili con la fede religiosa.

Inoltre, vi erano importanti figure ecclesiastiche che si opposero apertamente alle teorie di Darwin.

Nonostante la resistenza iniziale, alcune figure prominenti nella comunità scientifica italiana, come Antonio Stoppani e Paolo Mantegazza, iniziarono a difendere e diffondere le teorie di Darwin.

Stoppani, ad esempio, scrisse un libro intitolato "Il creazionismo" nel 1871, in cui cercò di conciliare l'evoluzione darwiniana con la fede religiosa.

Successivamente, nel 1868, Issel sottolineò l'osservazione di un altro scienziato per sostenere l'antichità del fossile.

Nel 1872, al Congresso archeologico di Bologna, Don Perrando intervenne a sostegno di Issel, cercando di spiegare le modalità del ritrovamento.

Tuttavia, le discussioni sull'età dell'uomo pliocenico erano ancora in corso, con opinioni diverse tra gli studiosi.

Nel 1908, Issel, in un'appendice al suo libro "Liguria preistorica," decise di non includere più il fossile nella specie umana, ma di designarlo come "antropoide," suggerendo una collocazione vaga nella scala evolutiva.

Questa decisione venne fatta senza il supporto di prove fossili o morfologiche solide, ed è stata successivamente contestata.

Recentemente, uno studio condotto da esperti dell'Università di Pisa ha esaminato nuovamente i resti e ha concluso che si trattava senza dubbio di ossa di un essere umano anatomicamente moderno.

Questa scoperta dimostra che l'interpretazione di Issel era sbagliata.

La questione delle datazioni alternative per i reperti rimane complessa, ma le nuove analisi morfologiche hanno contribuito a chiarire l'antichità del fossile.

Gli scheletri fossili di Castenedolo

Nel 1860, un eminente geologo italiano di nome Giuseppe Ragazzoni si trovava impegnato in un'appassionante ricerca di fossili pliocenici tra le argille delle pittoresche colline circostanti Castenedolo, una località nella provincia di Brescia.

Fu in uno di quei momenti che avvenne una scoperta straordinaria.

Ai piedi di una maestosa quercia, Ragazzoni scoprì i resti di una calotta cranica umana e altri frammenti ossei, un vero enigma della natura.

Ciò che lo sconvolse ancora di più fu il fatto che questi frammenti umani erano misteriosamente intercalati tra i fossili di madrepore e molluschi marini.

Il terreno da cui provenivano questi resti era datato al Pliocene, un'epoca remota che risaliva a circa 4 milioni di anni fa.

Era considerato un periodo così distante nel tempo che sembrava impensabile che contenesse resti appartenenti alla razza umana.

All'inizio, Ragazzoni fu travolto dall'entusiasmo e condivise immediatamente la sua scoperta con due rinomati geologi coevi, Antonio Stoppani e Antonio Curioni.

Tuttavia, per sua grande delusione, i due eminenti geologi respinsero categoricamente la scoperta, ritenendola assurda e impossibile.

Questo rifiuto tagliò le ali all'entusiasmo di Ragazzoni, che, amareggiato, decise di gettare via i resti, mettendo temporaneamente da parte il mistero.

Vent'anni più tardi, nel 1880, nella stessa area in cui avevano fatto la loro prima comparsa i resti umani, vennero scoperti i frammenti di un individuo adulto e di due bambini.

Ancora una volta, questi resti umani erano intricati tra coralli e conchiglie e provenivano dal medesimo strato pliocenico.

Poco dopo, un altro scheletro venne rinvenuto, sepolto a circa un metro di profondità, stavolta in uno strato di argilla verde-azzurra, sovrapposto allo strato fossile contenente le altre scoperte.

Questo scheletro mostrava chiare evidenze di una pressione obliqua subita durante i movimenti geologici ed era praticamente intrappolato nell'argilla, che a sua volta non rivelava alcun segno di recente mescolamento.

A questo punto, Ragazzoni prese una decisione epocale: decise di portare il "caso degli uomini fossili" all'attenzione della comunità accademica, scatenando una polemica di proporzioni titaniche.

Il dibattito era acceso tra i sostenitori delle teorie darwiniane sull'evoluzione e coloro che difendevano posizioni creazioniste.

Nel 1889, la situazione divenne ancora più intrigante quando, nello stesso sito, emerse un altro scheletro umano, questa volta intrappolato all'interno di uno spesso strato di ostriche fossilizzate.

I dibattiti e le dispute si protrassero per decenni.

Alcuni gridavano al sensazionale, mentre altri accusavano di bufala.

Alla fine non si giunse mai a una soluzione definitiva.

Lentamente ma inesorabilmente, il clamore iniziò a dissolversi, e il "caso degli uomini fossili" cadde in un relativo oblio.

Cos'era, dunque, questo enigma?

Era davvero possibile che quei resti di "uomini moderni" appartenessero a un'era tanto lontana nel tempo?

Oppure era una sofisticata bufala?

E, se non lo era, come poteva essere possibile?

Forse la razza umana è molto più antica di quanto si creda accademicamente, oppure forze e influenze al di là della nostra comprensione terrena erano coinvolte.

Questo mistero rimane irrisolto, un'incognita che ci sfida a esplorare i limiti dello spazio-tempo o a considerare l'ipotesi di entità provenienti da luoghi al di fuori del nostro pianeta.

Il Globo di Matelica

Il Globo di Matelica, un'enigmatica sfera di marmo bianco cristallino, è un'importante reperto storico scoperto nel 1985.

Questa straordinaria creazione rappresenta un antico modello di orologio solare che ci è giunto attraverso i secoli.

Il marmo utilizzato per la sua realizzazione è di origine greca ed è presumibilmente proveniente dalla cava di Afrodisias, situata nella regione di Efeso, oggi parte della Turchia.

Questo marmo possiede caratteristiche peculiari, con grandi cristalli che scintillano quando esposti alla luce.

La sfera ha una circonferenza di 93 centimetri, che si avvicina molto a due unità di misura chiamate "cubiti fileterei" (dove un cubito fileteo equivaleva a 46,83 centimetri).

Questa misura ci permette di calcolare un diametro di 29,6 centimetri, il quale, notevolmente, corrisponde esattamente alla lunghezza di un "piede attico".

La sfera è divisa con precisione in due parti da un'incisione, simboleggiando in modo analogo come l'Equatore divide il nostro pianeta.

L'emisfero superiore è a sua volta suddiviso in due da un altro solco, che attraversa un foro posizionato approssimativamente nella sommità della sfera.

Inoltre, il centro di questa sezione presenta tre cerchi concentrici di diametri variabili.

Queste tre circonferenze si intersecano al loro centro, formando un arco di cerchio con un raggio uguale a quello del cerchio più grande. Intorno a queste circonferenze sono incise parole in antico alfabeto greco.

Sulla cima dell'emisfero superiore, troviamo 13 fori, tra cui spiccano tre che hanno un diametro superiore rispetto agli altri.

Accanto a ciascuno di questi fori, sono state scolpite lettere dell'alfabeto greco antico.

Nella parte inferiore del Globo è stata intagliata una depressione conica che si conclude con un ampio foro rettangolare, progettato per fissare la sfera su una base.

Questo globo solare è stato progettato per funzionare efficacemente a una latitudine di circa 43°, corrispondente a quella di

Matelica, indicando così che è stato appositamente creato per questa città.

Tuttavia, le ragioni per cui è stato realizzato, l'identità del suo creatore e il motivo per cui gli antichi Greci si sono così interessati a Matelica rimangono avvolti nel mistero.

Attualmente, questa straordinaria sfera è conservata con cura nel Museo Civico Archeologico di Matelica, dove continua a suscitare meraviglia e domande sulla sua storia e significato.

www.ingramcontent.com/pod-product-compliance
Lightning Source LLC
Chambersburg PA
CBHW012312240726
48656CB00008B/2661